*The Publishers acknowledge the financial assistance of the
Government of Canada through the Book Publishing Industry
Development Program (BPIDP), and of the Ontario Arts
Council, for our publishing activities*

Library and Archives Canada Cataloguing in Publication

Thérien, Michel A., 1947-
[Corps sauvage. English & French]
        Corps sauvage / Michel Thérien ; traduction de
Rachelle Renaud = The wilderness within / Michel
Thérien ; translated by Rachelle Renaud.

Poems.
Text in French with English translation on opposite pages.
ISBN 0-88887-288-7

        I. Renaud, Rachelle, 1945- II. Title. III. Title:
Wilderness within. IV. Title: Corps sauvage. English &
French.

PS8589.H43136713 2005   C841'.54   C2004-906052-XE

Michel A. Thérien

THE WILDERNESS WITHIN

Poems/Poèmes

Translated by
Rachelle Renaud

CORPS SAUVAGE

Borealis Press
Ottawa, Canada
2005

Remerciements

Les auteurs tiennent à remercier les poètes montréalais Steve Luxton et Hugh Hazelton, pour leurs commentaires et précieuse aide dans la traduction de certains poèmes. Ils aimeraient aussi remercier Carl McKellar de sa participation dans la préparation de ce livre.

Acknowledgements

The authors would like to thank Montreal-based poets, Steve Luxton and Hugh Hazelton, for their comments and assistance in translating certain poems. They would also like to thank Carl McKellar for his participation in the preparation of this book.

Table des matières

Contents

Avant-propos
Austérité et lumière

La poésie de *Corps sauvage* échappe à toute définition. Polymorphe et ambiguë, elle se transforme constamment, telle une créature enchantée, entremêlant et fusionnant des grappes d'images pour créer un univers hallucinatoire et légèrement illusoire, quelque part entre la perception et la réalité. Transporté par le caractère à la fois flou et tangible de la langue, et par les associations multiples qui en naissent, le lecteur pénètre dans un paysage enchanté et se perd dans ses méandres. Et, par bonheur pour l'intelligence du texte, transparaissent une certaine suspension de la pensée linéaire, un penchant naturel et spontané à rallier raison et intuition, car la poésie de Thérien va, au-delà du logique et du précis, vers les brumes d'une aube ou d'un crépuscule au bord d'un lac du grand Bouclier, moment où l'on perçoit à peine les contours et les formes, où l'esprit vogue en silence autour et au travers des objets, projetant sur eux ses pensées et ses désirs les plus profonds.

Dans ces poèmes, les mots sont les taches de couleur d'une œuvre qui est abstraite, mais semée d'allusions discrètes à des formes familières, surtout dans la fusion du corps au paysage environnant, des courbes de la chair au relief de la terre et du roc. Ces compositions métaphysiques, parfois même mystiques, reposent sur un langage réfléchi et ouvert, austère et sensuel, précis et indicible. La poésie quant à elle est d'une pureté sans fard, d'une justesse élégante, sans l'ombre d'un cliché ou d'un procédé. Traduire une œuvre d'une telle force dans sa finesse représente un défi au plan de la langue mais aussi de la sensibilité poétique, afin de ne pas trahir l'authenticité de l'œuvre, et de respecter l'originalité dont atteste chacune des tournures. Des vers de deux ou trois mots parfois, comme des roches, émergent des eaux : un faux mouvement et on coule.

La poésie de Thérien est ardue pour son traducteur, qui doit pourtant transcender l'effort pour s'abandonner à l'œuvre. Dans certains cas, la concision de l'anglais fait ressortir l'ascèse austère du style, car l'anglais peut élider articles et prépositions et déplacer les mots librement. Mais il faut un soin extrême pour transposer les images multidimensionnelles et la manière précise et limpide de l'original, et la traductrice y est certes arrivée. Ceux qui lisent les deux langues prendront plaisir à comparer les deux textes et à découvrir la façon discrète et habile dont la traduction a tenté de rendre l'univers poétique de Thérien, sans en donner une interprétation réductrice ou littérale; ceux qui lisent l'une des deux versions savoureront la richesse et la beauté sobre de l'œuvre de Thérien, construite et articulée dans un mode aussi sûr dans l'un que dans l'autre idiome.

– Hugh Hazelton

Traduit par Rachelle Renaud

Preface
Austerity and Light

The poetry of *Corps sauvage* resists definition. Protean and ambiguous, it changes form like an enchanted being, blending and melding clusters of images into a hallucinatory, quietly phantasmal world situated somewhere between perception and reality. Entranced by both the indefinite and tangible quality of the language, and the multiple combinations and connections it creates, the reader enters the enchanted landscape and loses him or herself among the words. And, luckily, a certain suspension of linear thinking and a free-flowing, porous linking of cerebral and instinctual understanding is what makes the text most intelligible, for Thérien's poetry moves beyond the purely logical or clearly definable to a misty dawn or evening on the shore of a lake in the Shield country, a moment when it is difficult to mentally grasp shapes and forms, when the mind flows soundlessly in and around physical objects, projecting its inner thoughts and desires upon them.

Words in these poems are used almost as paints in a work that is abstract and yet filled with hints of recognizable forms, especially in the blend of landscape and the human body, earth and rock and the curves of flesh. The metaphysical and at times almost mystical compositions are set in a language that is purposeful and open, austere and sensual, precise and inexpressible. The poetry itself is unadorned and elegantly direct, avoiding any hint of a set expression or facile poetic trick. Translating such a work of delicate strength is a challenge not only of linguistic ability but of poetic sensibility, so as to not betray the work's authenticity, but to respect its extreme originality in each turn of phrase. Lines of two or three words stand out like rocks jutting into water: one slip as you walk upon them and you fall in.

Thérien's poetry, then, demands all of the translator's skill in a difficult and yet transcendent surrender to the text. In some cases, the spartan asceticism of the language is accentuated by the leanness of English through its ability to forego the use of articles and repetition of prepositions and its flexibility of position. But extreme care must also be taken to transpose the multidimensional imagery and precise, limpid style of the original, as the present translator has succeeded in doing. Those who read in both languages will enjoy comparing the two texts and discovering the unobtrusive and skillful ways the translator has tried to bring Thérien's poetic world to life without limiting its vision to a literalist reflection; those who read in one language will enjoy the richness and stark beauty of Thérien's creations, as thoughtfully fashioned in one idiom as in the other.

– Hugh Hazelton

pour toi que rien
ni personne ne méprise
toi pollen englouti
dans les semences en gerbes
de nos paroles sanglotées
à grandes crues
sur ton sommeil
léger

for you whom nothing
or no one disregards
pollen hidden deep
among the seeds of our words
clustered and strangled in sobs
swelling   spilling over
your light
sleep

Mouvances ébruitées

Ebb and Flow

mouvances ébruitées
à ton souffle de bruine
haletant dans les nuits effrénées
où ruisselle ton chavirement

a faint ebb and flow
your breath become mist
gasps in the night's fury
your turmoil a rising tide

une lanterne
posée sur la nébuleuse
parmi les rescapés de sortilèges

nous revoilà dans la nuit des temps
un à un posés en constellations
recroquevillés dans le foetus d'un sablier

l'alchimie des mots et du silence
sillonne l'aurore

a lantern
set against the nebula
among the survivors of spells

and we once again at the dawn of time
set in constellations one by one
curled up in the belly of an hourglass

the alchemy of words and silence
streaks the dawn

le sang de la terre
verse ses vertiges
sur l'effarement blanc
de la page nue

tous les prismes
doigts allongés et fins
convergent sur toi
te traversent   te sculptent
comme un couteau d'étain
sur l'ardoise mouillée

née dans la crainte du tourment
le froment du désir
tu t'offres à nous
grand faisceau d'aube
en ta robe de nacre

je te reconnais
opalescente lumière
dans la croisée des miroirs

the earth spills
its blood and brooding
over the pale fear
of the naked page

all prisms
with long slender fingers
converge on you
piercing you   shaping you
like a tin knife
on wet slate

born in the fear of torment
the sheaves of desire
you stand before us
great beam of dawn
draped in mother of pearl

I recognize you
opalescent light
caught where mirrors meet

poème pour
Jean-Paul Riopelle

une table nue sur des eaux étales
une lampe   une toile
des huiles aux griffes de la passion
du mouvement dans le dégradé du jour

nos visages   lumière tamisée
texture d'espoir et d'amertume
creusent les reliefs confondus
du sable et de l'argile

que d'éternels absolus
amarrés dans la foulée du geste
où chaque couleur est un pays
chaque mot un univers éclaté

peindre pour dire   crier   adjurer
peindre pour ne plus mourir
de ne point dire

poem for
Jean-Paul Riopelle

a bare table   still waters
a lamp   a canvas
oils spreading   flowing
sudden passion in the fading day

our faces   soft light
texture of hope and bitterness
carving an eerie landscape
of sand and clay

so many truths unfathomable
moored fast to our every move
each colour   a strange land
each word   a universe unfolding

painting to speak   cry out   beg
painting to no longer die
from things left unsaid

l'ocre   le topaze   le safran
gravures du soleil à la dérive
sur l'horizon

je renais
sentinelle impatience
sur l'axe des espaces blancs

mes mots s'enfouissent
dans ta cambrure
au refuge de pierre

ochre   topaz   saffron
the sun adrift   etched
on the horizon

alive again
eager sentinel
along the axis of blank space

my words buried deep
in the small of your back
where stones nestle

je veux toucher de la main
le poème de ton paysage
apprendre les yeux clos
ses falaises
dans le sang de tes lèvres
lui qui t'habite
berce danse chante
laisse à ta cadence
l'espace du hiatus
et tout ce qui te ponctue

je porte à ma peau
les lambeaux de tes nuits blanches
et meurs de ta fièvre
dans les cendres de ton silence

I want to run my hand
along the poetry of your landscape
discover with my eyes shut tight
its cliffs
in the blood of your lips
the poem inside you
rocks   dances   sings
follows your lead
your every breath
your every move

your sleepless nights
cling to me in tatters
and I hunger for your fire
in the ashes of your silence

Poèmes d'eau

Water Poems

*dans les récifs et les
sablures
aux mousselines de feu
ta brûlure en mon corps
jusqu'à l'arc tendu
du délire*

among the coral reefs and
shoals
and their fine fiery muslin
your burning passion borne
till my taut body arches
in ecstasy

un lys rouge fleurit sur une banquise
prolonge l'écho tamisé de la lumière

l'éther et le phosphore
étuves accablantes
brûlent
les dernières ondées de neige

une rageuse témérité
résonne sous nos pieds

a red lily on drifting ice
echoing the muted light

ether and phosphorus
steaming away
melting
the last gusts of snow

a reckless rage
resounds beneath our feet

le ciel s'attarde
les soirs de solstices

les enfants
de marelle et de courte paille
les habitants aux yeux de cuivre
submergés dans l'indolence

il y a l'odeur du poisson
dans le village
le bruissement blafard du vent
et la nuit nue sans néon
allongée dans ses broderies d'étreintes
qui vend à petit prix
ses insomnies

at summer solstice
the evening light lingers

children
playing hopscotch   drawing lots
the inhabitants   their copper-coloured eyes
drifting in a lazy haze

there's the smell of fish
in the village
the pale murmur of the wind
and the stark dark night
stretched out in its enticing finery
selling insomnia
for next to nothing

prisonniers des cordes et des vents
les archets sillonnent vos mains agiles
dans l'air salin des îles

le vacillement des palmiers
trace ses ombres sur l'azur

à la pointe du massif
un seuil de marbre
une église apaisant la mer
dans les vents dociles
de vos violons et violoncelles
sur des mélodies tsiganes

assise sous un arbre
une muse   votre geôlière
le visage perdu en vos ramages
vient boire sa vie dans vos mains

caught in the strings and winds
bows furrow your deft hands
in the salt air of the islands

the palm trees sway
their shadows against the azure sky

far above the trees
a marble threshold
a church stilling the sea
with gypsy melodies
in the soft breezes
of your violins and cellos

sitting under a tree
a muse   holding you prisoner
her face lost in your boughs
comes to drink her lifeblood in your hands

l'incongru repaire
oasis des silences

le cristal échappé
sur une pierre
prise au piège
crisse

l'écho traverse la toison
ta chair frissonne
la ride du son
fripe l'eau
ondule l'immobile
de ton sein
nu
sur mon sommeil

sudden solace
oasis where all is stillness

the crystal spilling
onto a stone
caught in its grasp
grates and rasps

its echo penetrates the secret thicket
your body quivers
the sound travels
rippling the water
your breast comes alive
naked
in my slumber

un froissement à peine senti
sur la nappe irisée du lac

la plainte du huard
clameur troublante de paix
l'inertie rassurante du roc
dans les contreforts de nos solitudes
et la résine tumultueuse des conifères
qui escalade les falaises

a rustling barely visible
over the calm rainbow of lake

the sad cry of the loon
and all is hushed
the rock remains solid   reassuring
along the spurs of our solitude
and the conifers' resin rises like a noisy sea
scaling the cliffs

aujourd'hui
tant de ciel bleu
s'étend sur la vie
presque nue

doux refuge
de notre chair lézardée
dans le hamac des vents lointains

chaque cellule respire le nénuphar

le cri lointain du héron
son immobilité ruisselante
sur ton ventre

today
such a wide blue sky
stretches over life's
near nakedness

sweet refuge
for our parched skin
in the hammock of distant winds

each cell breathing in the water lily

the distant cry of the heron
its stillness streaming
over your belly

remous d'eau saline
dans une péninsule oubliée
parmi châteaux de sable
coquillages et scaphandriers

nous étions
ces enfants du songe fébrile
aux envols fustigés
dans le visage nomade de la lumière
au coeur entrebâillé

swirling saltwater
in a forgotten peninsula
among sandcastles
shells and deep-sea divers

we were young
full of wild dreams
our every fancy dashed to bits
in the fleeing face of light
its heart beckoning to us

la nuit trame son heure de mystère
dans les replis lustrés du sable

nos corps
sondent les profondeurs des algues
vestiges consumés des tempêtes

voilà quelques mats abattus
par les vents de la tyrannie
debout dans les tréfonds
de la méfiance

loin des ports et de leurs attaches

night weaves its hour of mystery
in the glistening folds of sand

our bodies
sound the seaweed depths
frail remnants of storms

come upon a few masts
felled by the winds of tyranny
standing in the dregs
of mistrust

leagues away from home port   from their moorings

le ciel nimbé des départs
son sillage de vents violets

ton destin se fige
dans les coulées
des lunaisons d'automne

j'attends les retours exaltés
des soleils déployés
sur ta nostalgie

songes d'or dans mes paumes
captives

the haloed sky of our partings
and in its wake   violet winds

your fate caught
in the pale flow
of fall moons

I long for those hot
sunny days unfolding
over your nostalgia

imprisoned in the palms of my hands
secret dreams of gold

l'usure de l'attente

chaque heure bat son vacillement
sur les nervures de la résistance

toutes ces mâtures enchevêtrées
dans le port des arrivages

des visages constellés d'espoir
d'autres aux encoches fardées
du bonheur démesuré
au plus sombre dégrisement

l'espace est un corridor étroit
quand l'absence est à son seuil
                    ou
plus vaste que la mer
les nuits de retrouvailles

the weary wait

each hour wavers   wreaking havoc
on one's nerves   resistance

all those tangled masts and spars
in ports   awaiting loved ones

some faces alight with hope
others worn   masking scars
of boundless joy
to darkest disillusionment

space   a narrow passageway
when all is but emptiness
            or
vast as the open sea
on nights the beloved returns

ces jours effarouchés
où tout se déverse

le fleuve de l'aurore
sur l'audace de la nuit
le mot ivre
étendu sur le parquet

tout s'éparpille en images fugitives
sur les contours de la mémoire
pendant que la chambre dort
sous la lampe

how startling the days
when all is swept away

the dawn' s a mighty river
washing away the night and its daring
what was said in passion
lies motionless on the floor

all is scattered in fleeting images
along the far edges of the mind's eye
while the room is fast asleep
the lamp still on

la fulgurance du jour
nous déracine   nous arrache

voilà ton ondée apaisante

ma fugacité
s'enfonce
dans tes étangs de brouillard
gisant dans les marigots de l'attente

horde de sons
l'incohérence
l'exil
tourment de l'absence

without warning   daybreak
uprooting us   pulling us away

then your sweet rain   bringing peace

and my fleeting will
anchored
in your still pools   your mists
lying in wait among the backwaters

sounds come crowding in
confusion
exile
the torment of separation

tu fustiges les saisons
amarrées aux pluies et aux frimas

je te devine déjà
au bout de l'automne
les bras encore tendus
dans les cendres de l'été
ta chair au goût d'oranges
et de feuilles triturées

la dérive de tes écumes
au seuil des hivers

you scorn the seasons
moored fast to rain and hoarfrost

I can picture you
in the last days of autumn
your arms held open wide
though summer is but ashes
your body smelling of oranges
and leaves ground to powder

your wild foam rising
as winter sets in

implacable l'aurore
dénouant les filets du naufrage
à la proue du destin

ô balises d'espoir
dans mes brouillards nocturnes

toutes nos éternités balafrées
sur la falaise invincible

je vois des mâts du matin
monter les bancs de ta lumière

relentless is the dawn
untangling the shipwreck's nets
at the prow of destiny

oh sweet beacons of hope
lighting my way through the fog   the night

all our forevers smashed to bits
on the mighty cliff

I see the masts of morning
rising   sailing into your light

cette ombre sur le rabat du jour
versants abrasifs de l'effarement

d'honnêtes passagers
aux petites heures de l'éveil
taches grises tremblantes
au bout du quai
n'entendent même pas
le vrombissement du train

this shadow as dawn unfolds
harsh and frightening

honest folk   passengers
in the early waking hours
mere flecks   grey and trembling
at the end of the dock
don't even hear
the hum of the train

la rivière trahit ses marais
un à un les tarit

hier fleurissait le nénuphar
îlots de printemps

septembre trace nos sinuosités
dans la vase durcie
sécheresses du mutisme

seule l'odeur du marécage
s'agrippe à l'écorce du saule
jure par la mémoire de l'arbre

the marshes betrayed by the very river
emptied one by one

where only yesterday bloomed water lilies
islands of spring

September etches our winding ways
in the hardened mud
dry spells when all is silence

only the swamp smell lingers
clinging to the willow bark
swearing by the tree's memory

l'essoufflement
sombre dans l'oubli
chavire nos étreintes
sur tes mirages
insulaires

pierres de feu
crachées des volcans du désir

weariness
falls into oblivion
blindly sweeps our linked limbs
onto your illusive islands

igneous rock
spewed from the volcanoes of desire

la voix acérée des vents
s'affaisse

ta vie s'attarde
sur les épines de ronce
longeant les côtes escarpées
de ton corps sauvage

nous ne chercherons plus
le bois d'épave
dans les méandres des plages
et les baies envahies
de nos silences

je sais
le sommeil s'est échappé
dans un halo de lune

the howling wind
is dying down

your life's snagged
on thorny brambles
growing along the steep slopes
of the wilderness within

we'll search no more
for driftwood from shipwrecks
along the winding beaches
and in the bays harbouring
our silence

I know
sleep has slipped away
shrouded in moonlight

dans l'arrière-cour
les tisserands de rumeurs
leurs turbulences
aux cloisons fragiles du souvenir

l'arrière-cour des amours
les défuntes
les miraculées du destin
celles qui ont osé l'aventure
celles qu'on a laissées flétrir
sous l'oreiller

in the distance
gossips weave tall tales
their stormy waters crashing
against memory's flimsy fortress

in the distance
a flood of former loves
the long gone
the lucky ones   blessed by fate
those who dared
those left to wilt
under the pillow

Le jardin a gémi une nuit de rafale

The Garden Moaned On a Gusty Night

une brèche de soleil
sur tes flancs millénaires
verse le sang trahi de la pierre
dans les puissances océanes

j'écris des raz de marée
sur des banquises d'ignominies
et chasse les vestiges d'aubes
anciennes
dans les ornières souillées
de nos passages

a splash of sun
on your primeval slopes
spills blood embedded in stone
into the seething ocean

my words   tidal waves
on ice floes in disgrace
all traces of ancient dawns now
gone
in the sullied wake
of our passing

c'était hier

la fougue des vents
en ta poitrine
ton odeur de cuir et de bois

nous avions tout appris
sur la fragilité troublante du lac
au moment où la forêt
vient y boire son reflet
dans les rêves et les secrets
des eaux les plus profondes

loin de nous
la métamorphose
des nuits d'éternité sur ton front
comme galaxies éclatées

only yesterday

your eager breathing
keen as the wind
your scent of leather and wood

we'd become familiar
with the lake   its strange fragility
when the forest
comes to drink its reflection
in the secret dreamy places
of the watery depths

now but a memory
those eternal nights on your brow
transfigured
into shattered galaxies

tant de soleils
s'effondrent à nos fenêtres
titubent dans l'immobilité affolée

autant de lunes pâles
aux hâles saccagés des siècles
s'effritent sous nos pieds

nos pas hésitants
à la source tumultueuse
des refuges

so many suns
collapse at our windows
stagger in   disturbing the stillness

as many pale moons
their haloes soiled with the centuries
crumble beneath our feet

our faltering steps
to the whirlpool
and to shelter

une chaleur de chaux
déversement des mers sidérales

la péninsule engloutie

dans les bris de la craie céleste
voici les anneaux de saturne
présage mis à nu
glaive rougi de la blessure

disparus
les éboulements de lavande
dans les débordements d'équinoxes
et la danse des pavots sauvages

warm limestone
overflow of starry seas

the peninsula swallowed up

in fragments of celestial chalk
with the rings of Saturn
a sign   visible to the naked eye
a sword reddened with the wound

gone forever
the landslides of lavender
in the chaos of equinox
gone forever
the dance of wild poppies

une vie de mansarde
dort sous nos corniches
aux oeillères verrouillées

nos taches de solitude
sur des pans de murs blancs

toutes nos déchirures
au fil tendu des abandons

l'espoir assassiné
dans la lisière engloutie
des nuits incrédules

the attic has a life of its own
sleeps under our cornices
with its blind eyes shut tight

our solitude like stains
on sections of white walls

all our rifts
our heartrending desertions

our longing murdered in cold blood
along the blurred edge
of our mythical nights

à peine un instant
dans les rondeurs de la terre
où l'émotion renaît
à la fusion des formes
et des couleurs

une courbe nacrée
au corps de la tendresse
comme des aiguilles
plaquées sous ma peau

barely a second
within the gentle curves of the earth
where feelings awaken
with the meld of shapes
and colours

along with the tenderness
a pearly contour
like needles
embedded under my skin

ton cri s'étire
au bout de la métamorphose
son austère tonalité écorche
ronces et falaises
creuse des enclaves d'échos
au lit de nos cratères

la douleur
s'affaisse dans mes cernes
lèche l'impuissance
de mes os

nos mains tremblantes
auscultent le passé de notre mort vécue
ressuscitent les enfants de nos consciences

je nous revois de siècles en millénaires
souffler le verre et défier la flamme

your cry carries
to the very end of the metamorphosis
its harsh tone scrapes
the brambles   the cliffs
carves out hollows catching the echoes
in the craters of our sleep

pain
settles in around my weary eyes
licks my spent
limbs

our trembling hands
explore the past   our death as we lived it
resurrect the children within us

I see us again
for centuries   for millennia on end
blowing glass and braving fire

l'ombrelle du jour
au bras effrayé de la nuit

la noirceur s'arrondit
en strates lourdes
chasse l'immensité

spasmes
rêves d'enfants
dans le tourbillon de la chaussée
et des trottoirs submergés

la rivière a mémoire d'acier
dans les replis du métal

le jardin a gémi une nuit de rafale

day's bright parasol
on night's quivering arm

darkness thickens
floats in heavy layers
dispels all space

spasms
children's dreams
in the whirlwind of the street
and the flooded sidewalks

the river has a memory of steel
in the deep folds of metal

the garden moaned on a gusty night

sur la pointe de la nuit
une cohue délirante
s'avance

la lune
lance mille coursiers de feu
sur la marée montante
escale captive des galaxies
dans l'ombre des incohérences

balises indomptables
où la mer est une gitane
au bout de notre voyage

just as night falls
a frenzied throng
surfaces

the moon
casts a thousand fiery envoys
on the rising tide
galaxies driven off course
caught in its mystery

dauntless beacons
where the sea's a gypsy
at our journey's end

entends-le
de fracas et d'échos
le cri des horizons fulgurants
et la plainte des colliers de jais
suspendue au cou incliné de la terre

notre envol tout émaillé
sous la pleine lune voilée
ruisselle de fissures
on dirait des blessures en amas
un déclin absurde

de grands grondements tremblent
sous nos pieds confus et vaseux
déjà les tsunamis ravagent les villes
et nos voix se perdent dans la cohue

can you hear
the crashing   the echoes
the cry of sudden horizons
the moan of jet-black necklaces
slung round the bowed neck of the earth

our flight all aglow
under the veiled full moon
streams and shatters
like a series of wounds
an unseemly fall

deep roaring and quakes
under our muddled and muddy feet
seismic waves lay cities waste
and our voices are drowned in the chaos

notre fêlure

une cassure qui grince
dans la nuit impavide

la ville gisant sur le roc
ébruite notre âme
de sel et de corail

quelques visages à ses genoux
des regards consternés
le vide tout autour

a rift between us

a yawning fault that grinds away
in the fearless night

the city built on rock
lies as though dead
spreads rumours about our soul
of salt and coral

a few faces listen intently
looks of dismay
emptiness all around

une nuit d'effroi
étendue sur du verre de volcan
dans l'éruption mauve
des lunaisons amarrées

la lumière tombe en rafale
sur ta somnolence rompue

a night of dread
stretched over volcanic glass
in the mauve eruption
of moored moons

light falls in squalls
disrupting your slumber

vois
là
le jour gémir

là
où la souillure de l'air
se mêle si mollement
à l'odeur de la rosée

n'entends-tu pas
les sanglots de la nuit
dans les tranchées
et les récifs engloutis

nos corps
se confondent aux ténèbres
nos actes sont la terre
chant scandé
de nos échos

look
there it is
the day is moaning

there
where the filthy air
so lazily meets
the scent of the dew

do you not hear
night sobbing
in the trenches
and drowned reefs

our bodies
blend with the dark
our moves   the very earth
pulsing canto
echoing our love

Africa

Africa

toutes nos ambiguïtés
s'effondrent
un dernier grain de sable
écrase la dune

le sang de la terre
se déverse
dans la mort gratuite

all our ambiguous ways
are undone
a last grain of sand
crushes the dune

the earth's blood
spills out
in senseless death

surpris
à souvent murmurer ton nom
dans la steppe torride du songe

Africa
je sais
nos pieds ont marché nus
sur l'aridité des dunes
ma peau était noire
avant que le continent n'éclate
dans le sang de l'adversité
 l'ivoire du braconnage

surpris
à souvent chanter ton nom

caught off guard
often whispering your name
in the torrid steppes of dreams

Africa
I know
we walked barefoot
through parched sand dunes
my skin was black
before the continent broke up
in the blood of adversity
and poachers' ivory

caught off guard
often singing your name

l'ombre de la lumière
scande la rondeur des heures
la pénombre étouffe
les dernières étincelles
des solstices

les ravins s'emplissent
d'herbes de vent
et le jour couche sur elles
le froment de nos amertumes

dans les arbres au coeur battant
la souffrance s'agglutine
puis s'étiole

light casts its shadow
marking each hour in turn
dusk stifles
the last sparks
of solstices

ravines fill in with
wind-borne weeds
and there the sun spreads
the sheaves of our bitterness

in trees pulsing with life
suffering swells
then withers away

hier
avant que ne sèche le vent d'écume
dans les cendres de la ville
ta voix excessive
n'avait pas altéré l'éclat du jour
l'ombre de la nuit

aujourd'hui
piétinées de siècles arides
tes côtes sont une geôle

pas un cheveu
ne succombe à l'oubli

tes bras en croix sur ta poitrine
retiennent en ton coeur d'ébène
la colère des volcans

yesterday
before the sea wind dried up
in the city's ashes
your exuberant voice
hadn't altered the glow of day
nor the gloom of night

today
trampled by centuries of drought
your ribs are like cages

not a hair of your head
surrenders   forgets

arms folded over your chest
you hold within your ebony heart
the rage of volcanoes

au seuil de la nuit
pays lointain   brousse égarée
le mauve et l'écarlate
confondent dans la demi-obscurité
l'extrême impalpable

paysanne de l'arrière-pays
pieds nus sur l'équateur
ton châle trace une traînée de feu
aux cheveux du manioc

l'ardeur de ton regard
confond l'ordre du jour

at nightfall
far-away land   remote wilds
mauve and scarlet
meld in the half-light
blurring the borders

peasant woman of the hinterland
barefoot along the Equator
your shawl floats like a trail of smoke
in the manioc fronds

your intense gaze
disrupts the day

l'enfance en bandoulière
tremble près des couvées
de l'insouciance

une cassure aride
éveille le vent de sable

dans la steppe de la faim
seul le vautour accompagne
la marche de l'exil
et ses mirages profonds
d'un ciel à portée de bras

childhood slung over the shoulder
trembles near clutches
of carefree thoughts

a dry crackle
sets off a sandstorm

on the steppe starvation lurks
only the vulture follows
the trek toward exile
along with its deep mirages
of a sky so close you could touch it

le soleil africain aveuglé
flambées d'ambre
à tes yeux

toutes ces nations unies
complaisantes
ont bien gardé
le mutisme des plaies
fléau de la souffrance

le mal a oublié le mal
refrain épuisé de sanglots
à ta gorge torturée

l'obus suit toujours
la même trajectoire
l'horreur a fait ses enfants
dans un lit hostile

quels sont ces cortèges
en fuite dans la montagne
sont-ils nos vestiges épouvantés
les visages amputés de l'oubli

the dazzled African sun
amber ablaze
in your eyes

all those nations united
smug and self-satisfied
have kept their lips sealed
not a word about wounds
the curse of suffering

evil has forgotten evil
the spent refrain of sobs
in your aching throat

the shell always follows
the same path
horror has begot offspring
in a hostile bed

who are all those people
fleeing in the mountain
are they remnants of our fear
the mutilated faces of oblivion

poètes d'armes
les charnières de la tolérance
ont éclaté aux fêlures de l'absurdité

l'histoire est à rebours dans les collines
l'obscur bourbier s'avance

la déchéance côtoie l'atrocité
l'impalpable souffrance marque le pas
dans les abîmes du génocide

poètes d'armes
les fossoyeurs de liberté   osseuses poussières
de nos mémoires palpitantes
marchent sur des horizons de feu

poets calling for arms
tolerance's hinges
have burst at the frail limits of the absurd

in the hills time is running out
the dark mire moves forward

decadence befriends atrocity
unspoken suffering marks time
in the abyss of genocide

poets calling for arms
freedom's gravediggers   the dust and bones
of our throbbing memory
walk along horizons in flames

des mots vides suspendus
à de blêmes univers
plaies béantes
ancrées à l'hostilité du jour

ils sabordent la nuit

nos fronts ont blanchi
de leurs mirages irisés

nos yeux aveuglés
n'ont pas su voir
leurs regards assoiffés
de notre sang

empty words hanging
from sickly worlds
gaping wounds
encrusted in the day's hostilities

words that defile the night

our faces blanched and haggard
with their shimmering mirages

our blinded eyes
couldn't see
their gaze
thirsty for our blood

nous y sommes
aux recoins déchirés de la rancoeur
seul le silence rassure
furtif sur un mur de béton

derrière l'obscur giron
des sourires en trois dimensions
naïfs narquois mesquins

personne ne perd
ni ne gagne
tous cloués au bois
les bras en croix

we've arrived
at the tattered edges of ill will
only silence to comfort us
as it sneaks along a cement wall

behind the dark folds
smiles from ear to ear
naive mocking petty

there are no losers
no winners
all nailed to the cross
arms stretched out wide

je rends l'ancre
et tout ce qui me lie
aux pieux de racines trop profondes
je hisse l'existence aux mâts repentis
des grands vents et des pluies de bruine
j'exhorte l'envers des mots
les étale au soleil des moissons

je pénètre la mémoire des mers
ses odeurs de mazout et de sel
l'absence se recueille dans le silence étendu
où la mort a la peau tatouée
des encres océanes tout autour

dans les noeuds de nos cordages
et le cristal des banquises mobilisées
la mort ne m'aime pas
son givre sur mon bras
un glaive impuissant

nu
je pénètre la mémoire des mers

I let go of the anchor
and of all that holds me
to the posts of roots too deep
I hoist life up on the humble masts
of high winds and drizzling rain
I seize words   turn them inside out
spread them in the sun at harvest

I set out into the sea's memory
its smell of oil and salt
solitude broods in the unrelenting silence
where death's skin is tattooed
with the all-encompassing inks of the ocean

in the knots of our riggings
and the crystal ice floes now adrift
death won't have me
its frost on my arm
a harmless sword

naked
I set out into the sea's memory

Mémoire des mers

The Sea's Memory

j'entre dans la démesure
des vents solitaires sur les battures
où j'éprouve l'impuissance des corolles
aux pointes brusques de ta nostalgie

I set out into the extreme
of lone winds along sandbanks
where I feel the corolla's helplessness
at the sudden bursts of your nostalgia

saisissante l'aubépine
dans les ramages du printemps
fluides versants   rosaces d'apothéose
hordes fleuries sur les remparts du regard

éperdu sous l'écorce tordue
le voyage de la frénésie céleste
élève sa cime   ultime geste
éblouit les saisons de ses vertiges

ô combien de foisonnement
cathédrales nuptiales
à tes pieds indomptables
et le rêve de celliers débordant
dans les vignes de l'absence

the hawthorn   thrilling
in the maze of spring
cascades falling   rose windows at their peak
flowers thronged at the ramparts of the eye

desperate beneath the twisted bark
the frenzied journey skyward
raises its crown   a final flourish
casts a dizzy spell on the seasons

o what teeming abundance
nuptial cathedrals
at your untamed feet
and dreams of gushing cellars
among the vines of loneliness

les mots en strates
intime matière du sang de l'âme
retenus en ton sein obstiné

missive douloureuse
dans les ossements poreux
de la terre

un chant crie son affliction

ancrages des mots
à l'univers de tes mains
rides rêches
du délaissement

furtives paroles
crispées dans les atomes
du papier jauni de l'attente

words in layers
the soul's substance   its very blood
muzzled in your stubborn breast

missive writhing
among the porous bones
of the earth

a song moans its sorrow

words anchored
to the world that is your hands
the abrasive wrinkles
of resignation

hidden words
clenched within the atoms
of the yellowed paper
of vigilance

l'abat-jour étire des ombres
sur ton visage de craie

tu fends le bois de ta raison
le jette aux braises
et pleure les cendres tout autour

dans le chaos
ton coeur est suspendu
au clou de ton existence
où nous venons tous au bout du jour
chauffer ou laisser choir
nos quotidiennes amertumes

the lampshade casts its shadows
over your chalky face

you smash reason to bits
throw the split wood into the embers
and weep for the ashes all around you

in the chaos
your heart hangs
on the nail of your existence
where we all come at day's end
to mull over or let go of
our bitterness

je suis l'ombre
aux branches du saule
sa lumière étendue sur le macadam

j'ai les centenaires des pavés
sous tes pas inconscients
ta souffrance
en ma paume stigmatisée

j'avance
jusqu'à ta fragile
transparence
mon visage submergé
dans la source de ton sein
comme des marées de désirs
à ton seuil cloîtré

I'm the shadow
along the willow branches
its light stretched over the tarmac

I hold the centuries and their cobblestones
you tread blindly upon
your suffering
in my pierced palm

I move forward
until I come upon your fragile
candour
my face submerged
in the wellspring of your breast
like tides of desire
at your cloistered door

l'été
en éboulements
sous tes pieds
brusquement s'égare
dans la course des sabliers

je te revois
jaillissante de ton île
parfum d'algues et de sel marin
l'avoine des plages dans tes cheveux
des océans dans chacune de tes paroles
des vents de bruine à ta chair ancrés

the summer
all in shambles
at your feet
suddenly gone forever
in the rush of the hours

I recall seeing you
emerging from your island
smelling of seaweed and sea salt
with beach grass in your hair
each word spoken   an echo of oceans
wet winds clinging to your skin

une pulsion au creux de ta poitrine
trace la trajectoire du vide
comme des vertiges
dans la voix des arbres

cruelles béances
de nos sommets en friche

tu abrites leurs silences
seule
par delà ton écho

an urge deep within
maps out the path toward nothingness
like the dizziness
in the voice of trees

pitiful gaps
in our dormant crowns

you alone
shelter their silence
wrapped in your echo

la nuit
était ton sacerdoce
tu portais à ton front
toutes les auréoles

aucune fatuité
à peine quelques concupiscences
sous le duvet blond de la chair
seul un petit cloître
sanctuaire de lumière
chaleur brutale
au lieu même du coeur

énigme du mouvement
tu apprivoisais sereinement
toutes les incohérences
mais pour la danse
messe sacrée ou rites occultes
tu avais trouvé
sans compromis
ballerine à ton pied

et ta vie danse
dans l'iris muet
des convoitises

night
anointed you
on your brow you wore
sacred haloes

not a trace of complacency
barely a few lustful leanings
along the blond down of the flesh
just a tiny cloister
a sanctuary for light
searing heat
there where beats the heart

enigmatic fancies
you calmly mastered
all inconsistencies
but for the dance
sacred Mass or occult rites
you'd found
without compromise
ballerina to your taste

and your life dances
in the mute shimmer
of longing

voilà une étrange retenue
un bruissement timide
à la cime des peupliers

l'amant

son souffle exaspéré
par l'effondrement
son tourment
lié au tronc immuable
de ta volonté

l'âme débridée
dans les forêts assombries
de ta délinquance
l'incongru s'incline d'ennui
le coeur ligoté à tes chevilles

ballotté
      charrié
            chaviré

there's a strange reserve
a timid rustling
high in the poplars

the lover

his breath stifled
with the hard fall
his torment
tied to the unwavering trunk
of your will

the soul roams free
in the dark forests
of your wanton ways
the unseemly yields to fatigue
the heart strapped to your ankles

pulled this way and that

            carried along
                        overturned

ton corps
encore chaud de l'étreinte
dans la paillasse des étés engourdis

tes seins s'abandonnent
à l'ombre d'une lanterne
improvisée

les cernes sous tes yeux
sont tous ces fruits
qu'on a laissés trop mûrir
dans les saisons du repentir

l'odeur ronde du miel et de l'orange
le fard qui ne veut plus s'étendre
la pâleur blafarde de l'aube
ton café qui se noie
dans l'invraisemblance

your body
still warm from the embrace
in the soft straw of lazy summers

your breasts yield to pleasure
beside a makeshift
lantern

the circles under your eyes
are all the overripe fruit
we took no notice of
in the seasons of regret

the smell of honey and oranges
the dry eye shadow that won't spread
the washed-out dawn
your coffee drowning
in the implausible present

toutes ces nuits rangées côte à côte
genèse des ruptures

ta vision bouleversante de l'éphémère

tous ces champs de pavots dans tes bras
ô toi sanguine et amère
tu les offres en complaintes
aux brouillards d'aube

ta chair est de cuivre
tes os l'osier tordu
tu troques ton regard
dans des abîmes si légers
où ta beauté est ta seule tendresse

all those nights set side by side
giving rise to rifts

your keen awareness of the fleeting moment

all those fields of poppies in your arms
you   ruddy and bitter
offer them as broken ballads
to the fog at sunrise

your flesh is copper
your bones twisted reeds
you barter your eyes
in chasms so tenuous
where beauty is your only tenderness

l'aurore s'installe
dans les creux de la falaise

les poings serrés du songe
t'abritent

tu portes à tes dix doigts
les bagues de l'espoir
comme des louves
fuyant l'épouvante
d'un autre jour qui se lève

dawn nestles
in the crevices of the cliff

the clenched fists of dreams
shelter you

on your ten fingers you wear
the rings of hope
like she-wolves
fleeing from fear
of another day beginning

l'heure est gardée en otage
mise à nu
au moindre tremblement
de ta paume
l'heure lente du temps perdu
chaque seconde de l'instant
une à la fois
laissant choir la précédente
dans l'indolence de la suivante

the hour's held hostage
stripped naked
at the least tremor
of your palm
the unhurried pace of time slipping by
each split second
one after the other
letting fall the one before
into the lethargy of the next

une légèreté aérienne
coule dans l'épaule du vent
le son fêlé d'une flûte
s'écaille sur les murailles
de la ville

ton geste pâle s'esquive de douleur
s'échoue sur des côtes refroidies
te désincarne à chaque mouvement

tu crains la tiédeur du temps
et sa dérive

a light and airy stream
runs in the wind's shoulder
the breathy sound of a flute
resounds off the walls
of the city

your pallid gesture recoils from pain
runs aground on coasts gone cold
splits you from your body

you fear sultry weather
and its fickle ways

la trépidation
couvrait tes paupières

tu taisais les vents
d'un coup de sabre
étouffais les révélations de l'aube

tous les corps de la nature
ont plaidé le sursis
et la voile sombre
des sortilèges s'effondre
dans les hauts-fonds
du matin
où la vague engloutit
vents et paroles

your eyelids
began to quiver

you silenced the winds
in one fell stroke of the sword
stifled the dawn with its revelations

all living things
pleaded for a reprieve
and the dark sail
of spells collapses
into the shoals
of morning
where waves swallow up
winds and words

ta complainte se noie
au bout du quai des eaux agitées

ô saisir à double tour
la brunante saison
pendant que grince
l'essieu abîmé du vent
aux remparts chancelants
de nos corps

je te revois dans l'éclipse des années
paillasse colorée du rêve débutant
tes yeux constellés   ta bouche frileuse
l'aventure t'inquiétant

j'entends encore le piano frénétique
sous la tempête de tes doigts
je revois nos regards se mouiller
à la croissance des vagues

your sad song drowns
in the rough waters off the dock

oh to seize with all my might
the fading season
while the wind's broken axle
grinds away
at the tottering ramparts
of our limbs

I recall seeing you in the dimming years
bright sprig at the dream's dawning
your starry eyes   your delicate mouth
fearing what lay ahead

I can still hear the piano driven to a frenzy
with the storm of your fingers
I recall our eyes welling over
as the waves began to swell

un sourire inachevé
avec de l'or sur les dents

le post-scriptum
naufragé
du songe perméable
où tu attends
comme la vie
attend la vie
après sa mort
sordide

an imperfect smile
with gold in its teeth

discarded
afterthought
of the porous dream
where you await
like life itself
awaits life
after its sordid
death

j'écris
sur les murs de la ville
ton langage muet

langoureuses paroles
magma jaillissant des fissures
dans la furie soudaine du geste

silence que je n'entends plus
dans les artères océanes en tumulte

j'écris pour ne pas oublier
les noeuds tendus dans ta gorge
et la béance qui se creuse en moi
au tremblement de ta voix

on the walls of the city
I write
your mute language

wistful words
magma spewing from the cracks
in my scrawl's sudden fury

silence I can no longer hear
in the chaos of the ocean's aorta

I write so as not to forget
the tight knots in your throat
and my desire rising
at the trembling of your voice

au loin les villages
mains jointes en pignons
ont exhumé ton amertume
dans les nefs sacrées
de leurs encens

les routes torturées
ouvrent leurs volets
sur de grands paysages escarpés

au sommet du jour
tous nos rires et nos pleurs
éclairent la nuit

afar off the villages
hands clasped like gables
have dug up your bitterness
in the sacred naves
of their incense

twisted roads
open their shutters
onto wide sheer landscapes

at high noon
all our laughter and our tears
light the way in the night

un autre ciel
aux horizons stratifiés
de la parole

le mot bâillonné de silence
ta main sur l'encrier
mon visage pâli des ressacs

ailleurs
à l'écart de la vigilance
les mots liés aux poignets
lésions ouvertes

mots des floraisons impétueuses
les mots acérés de ta blessure
en mon sang

other skies
where words
open up layered vistas

words muzzled and mute
your hand on the inkwell
my face pale with the undertow

elsewhere
unknown to vigilant eyes
words strapped to wrists
open lesions

words of blossoms bursting
the scathing words of your wound
in my blood

la proue de l'aube
sur le dos des vagues

chaque éclat   un feu allumé
au geste de ton regard

une rafale
sur les méandres du mouvement

soudain
un cri inaudible
et tous nos passés se noient
dans la marée

the prow of dawn
on the crests of the waves

each spray   a fire set
as your gaze moves over me

a gust of wind
over the meandering motion

a sudden
muffled cry
and all our former lives drown
in the tide

baladin
je dompte l'effroi
danseur de corde   hercule du vide
mon coeur en trapèze
ton souffle tailladé

je m'accroche au filet du dernier espoir
guette comme le dresseur
chacun de tes gestes
suspendu à l'arcanson dans tes paumes
à la corne de tes doigts

funambule nomade au baluchon léger
voilà ma vie en triple saut
agrippée à tes poignets
pendant que la musique danse
à la virevolte du saltimbanque

like an acrobat
I conquer fear
tightrope walker   strong man of the void
my heart on the trapeze
your breath slashed to shreds

I cling to the safety net of my last hope
watch like the animal trainer
every move you make
hanging from the resin in your palms
from the calluses on your fingers

roving funambulist who travels light
there you have it   my life in one jump
clinging to your wrists
while the music dances
to the acrobat's sudden moves

des bourdonnements
dans les paupières de la rose
paysanne à la robe longue
coupe abondante des rosées
à la plongée si profonde
qu'aucune faucheuse ne te menace
ni te rassure

les matins
à nos fenêtres
n'ont pas courbé l'échine
ni fermé l'oeil
devant ton endurance

hardi est le chêne
au coeur du roseau

a humming
in the rose's half-open lids
a peasant in a long dress
cup brimming with dew
buried so deep
that no reaper can threaten
or reassure you

mornings
at our windows
haven't bowed or scraped
nor slept a wink
before your endurance

bold is the oak
hidden within the reed

les eaux redevenues calmes
sur nos visages blanchis

fragiles ruissellements
dans les replis de la voile
défiant le large
pendant que dorment
sous les arbres
nos solitudes
inassouvies

once the waters are calm
on our blanched faces

delicate streams
in the sail's folds
defying the open sea
while under the trees
rests
our solitude
unappeased

nous nous sommes éveillés
dans les entailles du rêve
ta bouche exhale des vents d'agrumes
où se creusent les sillages
d'un monde éventré
sur ta blessure

tu franchis les arcs
de ta propre résistance
où la nuit avait jeté
sa dernière balise

we awoke
among the shards of our dreams
your breath smelling of citrus fruit
your mouth full of echoes of
a world slit open
over your wound

you cross the confines
of your own resistance
where night had thrown
its last beacon

ton corps sauvage
sous la pleine lune
elle qui boit de ton halo
le lait de ta peau fauve

je suis dans nos îles
comme on revient au port des départs
je m'accoste à ton corps
trébuche encore dans les étreintes pluvieuses
de ses éternités parjurées
où s'échouent
nos nuits d'écume
en tes draps

l'abondance de tes énigmes
dans la gorge du ruisseau
où viennent frayer les moissons d'étoiles
les voilà suspendues à tes lèvres
de soie   de lin   de plume
elles s'envolent dans l'instant de la flamme
au silence étonné de ton sein nu
sous la pleine lune

the wilderness within
under the full moon
she who drinks from your halo
the milk of your untamed skin

here on our islands
as one returns full circle to port
I moor alongside your body
still lose my footing in the stormy clasp
of its constant treachery
where our frothy nights
run aground
in your bedsheets

enigmas teeming
in the gorge of the stream
where the season's stars come to spawn
there they are hanging from your lips
of silk   of linen   of down
they vanish when desire flares
in the dazed silence of your naked breast
under the full moon

mouvances ébruitées
à ton souffle de bruine
haletant dans nos nuits effrénées
où ruissèle ton chavirement

dans les récifs et les sablures
aux mousselines de feu
ta brûlure en mon corps
jusqu'à l'arc tendu
du délire

a faint ebb and flow
your breath become mist
gasps in the night's fury
your turmoil a rising tide

among the coral reefs and shoals
and their fine fiery muslin
your burning passion borne
till my taut body arches
in ecstasy

tu enfouis
tous les noeuds de la terre
dans ton silence de pierre
les baignes
d'une eau de sable
douce et intense
de lumière

les noeuds s'occultent
dans l'espace
où l'heure ne transgresse plus
le jour

you bury
all earth's knots
in your stony silence
bathe them
in water streaming with sand
fresh and sparkling
with light

the knots hide
there
where the hour no longer infringes upon
the day

il y a
cette chaleur feutrée
dans les cloisons mouillées de ta solitude
hébétude simple de l'immobilité
suspendue

seul
un crépitement
dans l'âtre
            et
le bois du noisetier
crachant sa lumière
dans une sarabande de liberté
en petits pas cendrés

there's
a muted warmth
within the damp walls of your solitude
the dazed state of suspended
immobility

only
a crackling
in the hearth
                and
the hazelwood
ablaze
dancing a light-hearted saraband
in tiny ash-grey steps

la nuit se détache de ta chair
de crépuscules outrés

tes os   des branches
dressées au soleil
drapeaux blancs
tachés de ton sang

ta demeure   un désert
où chaque grain de sable
est un volcan éclaté

la vie rêvant à la vie
dans le flux et reflux
de l'incontournable

night wraps itself around your body
in the sudden twilight

your bones   branches
raised toward the sun
white flags
stained with your blood

your dwelling   a desert
where each grain of sand
is an erupted volcano

life dreaming of life
in the fluctuating swing
of the inescapable

une blessure bleue
fragile myosotis

quelle est cette moiteur blême
dans le foisonnement du geste

des eaux
souterraines et cristallines
jaillissant du granit
s'élancent dans la droiture
de cimes insoupçonnées

tous les éléments dans tes yeux
le vent   le feu   la terre
des mers de myosotis

herbes d'amour
ne m'oubliez pas
dans l'armure de sa prunelle

a pale blue wound
frail myosotis

what is this subtle moistness
in the gesture's abundance

underground and crystalline
waters
shooting from the granite
spurt into the pristine
unsuspected heights

the four elements in your eyes
air   fire   earth
seas of myosotes

love weeds
forget me not
in the armour of her iris

de vieilles vignes à peine courbées
sur l'arc des mémoires

vendanges attardées
des crépuscules d'automne
veloutées de tes connivences
aujourd'hui se cristallisent

les sillons pourprés de tes pas
tracent le déclin des horizons
ta narine hume le nectar mélancolique
sur les rebords de ta coupe
telle
une poésie inachevée
gardée
au cellier des pérennités

ta voix boisée de chêne et de vanille
dans l'écho des collines

old vines barely bent
along the arc of memory

late vintages harvested
in fall twilight
velvety with your contrivance
now crystallize

furrows ruddy with your steps
trace the horizons' decline
your nostrils smell the sad nectar
on the edges of your cup
like
unripe poetry
kept
in the cellar of eternity

your earthy voice of oak and vanilla
in the echo of the hills

dis à la mer
la profondeur que j'ai en toi
mes racines sont tous tes lieux
d'affleurement
s'imprègnent au rocher
te protègent de la turbulence déchaînée
des eaux mouvantes du sarcasme
ta mémoire à mille-bras
au creux de mon ventre
a la fureur des vents
le calme des mausolées attendris
où nous allions dormir
et nous regarder mourir

tell the sea
how deeply I'm grounded in you
my roots are all the places
you've brushed against
they permeate the rock
shield you from the wild turbulence
of the fickle waters of sarcasm
your memory with its thousand tendrils
deep within my gut
has the wind's fury
the calm of loving mausoleums
where we slept
and watched each other die

je sais
on t'a donné des ailes
comme on offre des lauriers

tu as dansé toute une nuit
enfilé ta robe des grands
                    voyages

te voilà enfin
plus loin que l'univers
au seuil de ton corps libéré

I know
they've lent you wings
as though they were laurels

you danced all that night
wore the dress for your last
                              journey

there you are at last
beyond all that is
at the edge of the wilderness within

AGMV Marquis
MEMBER OF SCABRINI MEDIA

Quebec, Canada
2004